HABLEMOS ACERCA DE...

LA SEGURIDAD EN INTERNET

Caitie McAneney
Traducido por Marcela Brovelli

PowerKiDS press

Nueva York

Published in 2015 by The Rosen Publishing Group, Inc.
29 East 21st Street, New York, NY 10010

First Edition

Editor: Caitie McAneney
Book Design: Mickey Harmon
Spanish Translation: Marcela Brovelli

Photo Credits: Cover (series logo) Alhovik/Shutterstock.com; cover (banner) moham'ed/Shutterstock.com; cover (image), pp. 13, 21 Monkey Business Images/Shutterstock.com; p. 5 Blend Images/Shutterstock.com; p. 7 arek_malang/Shutterstock.com; pp. 9, 17 Goodluz/Shutterstock.com; pp. 11, 14 wavebreakmedia/Shutterstock.com; p. 19 Vinicius Tupinamba/Shutterstock.com; p. 22 Alena Ozerova/Shutterstock.com.

Library of Congress Cataloging-in-Publication Data

McAneney, Caitlin.
La seguridad en Internet / Caitie McAneney, translated by Marcela Brovelli.
p. cm. — (Hablemos acerca de...)
Includes index.
ISBN 978-1-4994-0193-6 (pbk.)
ISBN 978-1-4994-0190-5 (6 pack)
ISBN 978-1-4994-0192-9 (library binding)
1. Internet and children—Safety measures—Juvenile literature. 2. Computers and children—Juvenile literature. 3. Internet—Safety measures—Juvenile literature. 4. Online social networks—Safety measures—Juvenile literature. I. Title.
HQ784.I58M39 2015
004.67'8083—dc23

Manufactured in the United States of America

CPSIA Compliance Information: Batch #CW15PK: For Further Information contact Rosen Publishing, New York, New York at 1-800-237-9932

CONTENIDO

CONECTARSE A INTERNET

¿Alguna vez enviaste un correo electrónico? ¿Visitaste un **sitio web** para aprender más sobre algún tema? Si lo hiciste, te conectaste a Internet.

Internet pone a tu alcance toda la información del mundo, y también te permite conectarte con gente del mundo entero. Su uso brinda muchos **beneficios**, pero también encierra peligros. Puede que estés muy familiarizado en el uso de Internet, ¡pero es importante que lo utilices de una manera segura!

Es fácil conectarse a Internet en cualquier lugar. La mayoría de las computadoras, tabletas y teléfonos móviles se pueden conectar a Internet.

UNA GRAN HERRAMIENTA

Con seguridad, Internet es una de las herramientas más maravillosas, ya que nos permite encontrar casi todas las respuestas a nuestras preguntas. Así aprendemos y descubrimos cosas fascinantes. ¿Quieres información sobre tiburones? ¿Necesitas hacer un trabajo sobre tormentas? ¿Quieres leer acerca de tu cantante favorito? ¡Con un solo clic, tendrás toda la información!

CUÉNTAME MÁS

Algunas personas utilizan Internet para publicar blogs o trabajos personales. ¡Este es un espacio maravilloso para demostrar toda tu creatividad!

Gracias a Internet, también podemos mandar correos electrónicos a los amigos y mantener una conversación a través de un **videochat**.

Esta forma de comunicación permite ver y escuchar a una persona en tiempo real. ¡Y es fantástica para hablar con los amigos y familiares que viven lejos!

REDES SOCIALES

En estos sitios, la gente tiene la posibilidad de estar en contacto y compartir información. Para ingresar, los usuarios crean un perfil o una página con fotografías e información personal.

Para entrar a la mayoría de las redes sociales se requiere una edad mínima. Tal vez tú seas muy joven para participar en las redes sociales. Para un menor es peligroso dar datos personales y publicar sus fotos. Recuerda que sólo debes hablar con gente que conozcas. A veces, algunas personas que usan estas redes no divulgan su verdadera **identidad**.

Si tienes edad suficiente, es muy divertido usar las redes sociales para conectarse con personas que viven lejos, como amigos o abuelos.

CUÉNTAME MÁS

Facebook e Instagram son los sitios más populares. Si se requiere una edad mínima, deberás esperar a ser mayor. Si no eres honesto sobre tu edad, puedes tener problemas.

PELIGRO OCULTO

Podría sucederte que un extraño te mande un mensaje a través de una red social, por correo electrónico o por sala de chat. Estas salas son sitios web donde puedes conocer personas con tus mismos gustos, pero a la vez pueden ser muy peligrosas.

Cuando ves la foto del perfil de alguien y descubres sus gustos, tal vez esa persona te parezca agradable, joven y confiable. ¡A lo mejor le gusta el hockey, como a ti! Pero no conoces realmente la identidad de esa persona; podría ser mucho mayor y no tener buenas intenciones.

CUÉNTAME MÁS

Si vas a conectarte con alguien en línea, asegúrate de que es una persona que conoces. De lo contrario, no sabes con quién estás hablando.

Lo mejor es permanecer alejado de la mayoría de las salas de chat. Se conectan muchos extraños, y podría ser peligroso. Pídeles ayuda a tus padres o a tu maestra, para tener un amigo de correo electrónico en otra escuela.

ACOSO CIBERNÉTICO

Quizás hayas presenciado algún caso de acoso. El acosador hostiga a los demás con empujones, golpes o insultos. Pero también acosan a las personas en Internet. Y esto puede llegar a ser más difícil de frenar.

A este tipo de acoso, se le llama acoso cibernético, y puede llegar a ser muy ofensivo. El acosador puede publicar mentiras en la web para que todos se enteren, o compartir fotografías e información **privada**. También, puede hacer comentarios humillantes acerca de cómo una persona se viste o se comporta. Y hasta puede llegar a hacer **amenazas**.

Acosar a alguien por Internet es más fácil que hacerlo en persona. Sin embargo, esta forma de hostigamiento puede lastimar tanto como el acoso cara a cara.

CUÉNTAME MÁS

Si en algún momento detectas acoso cibernético, es importante que se lo cuentes a tus padres o a tu maestra. El acoso puede convertir a Internet en un sitio hostil.

JUGAR SIN RIESGOS

¿Te gustan los videojuegos? El Internet brinda la posibilidad de compartir juegos en línea con gente de todo el mundo.

Si otro participante dice cosas desagradables o te hace sentir incómodo, elimínalo del juego. Si notas algo extraño, cuéntaselo a tus padres.

Existe una gran variedad de juegos. Para asegurarte de que sean seguros y **apropiados**, elige algunos con tus padres. En muchos casos es necesario dar el nombre de los participantes. Pero nunca des tu propio nombre. Invéntate uno para jugar, como LeónBalón8. Nunca le des tu contraseña a nadie, solo a tus padres. Tampoco les des información personal a otros jugadores, ni aceptes encontrarte con ellos en ningún lugar.

CUÉNTAME MÁS

Jugar en la computadora es muy divertido, pero debemos tener cuidado de no dedicarle mucho tiempo. Es importante salir a hacer ejercicio y visitar a los amigos.

INFORMACIÓN PRIVADA

Al usar Internet, recuerda que lo más importante es no dar a conocer ninguna información personal. No reveles tu nombre, tu edad, tu número de teléfono ni tu dirección. Alguien que conociste en la web podría obligarte a contarle más cosas acerca de ti. Si esto te sucede, cuéntaselo a un adulto. No le des información personal a ningún extraño.

CUÉNTAME MÁS

Las mejores contraseñas se forman con muchas letras y números, por ejemplo, DraGonMago9102.

Si alguien tiene tu contraseña, podría entrar en tu cuenta y ver tus datos personales. Inventa una identificación que ningún **pirata cibernético** pueda adivinar.

Lo que pasa en la web, queda en la web. Nunca le cuentes a nadie lo que no compartirías con *otros*. Tu información puede compartirse con otros fácilmente.

DESCARGAS PELIGROSAS

De pronto entras en un sitio web para jugar o mirar un video, y se te pide que hagas una **descarga**. ¿Tú qué haces?

Por lo general, descargar material no es peligroso, pero tu computadora podría infectarse con un virus. Esto podría dañar tu computadora, o permitir que un pirata pueda acceder a tu información personal. Para mayor seguridad, es importante descagar solo material de sitios web seguros y respetables. ¡Si quieres descargar algo, avísale a un adulto!

Los virus son malos para cualquier computadora. Afortunadamente, hay numerosos sitios web que no insisten en que hagas descargas. Para que tu computadora no corra peligro, elige siempre estos sitios.

NAVEGAR SIN PELIGRO

Hay millones de sitios web en Internet. Algunos son excelentes para chicos, y otros son para uso de los adultos. Estos sitios contienen material que podría resultar incómodo para ti o para tus padres, y hasta podrían meterte en problemas. ¿Cómo puedes evitar estos sitios web?

Pídeles ayuda a tus padres para elegir los sitios más apropiados para ti. Quizás aún no tengas edad para acceder a Facebook, pero hay otros sitios divertidos, como National Geographic Kids, PBS Kids y BrainPOP.

Tu computadora tiene configuraciones para establecer qué sitios puedes visitar. Habla con un adulto para decidir cuáles puedes acceder.

CIUDADANOS DE INTERNET

Al registrarte en la web, te conviertes en **ciudadano** de Internet. ¡Esto conlleva responsabilidades! Seguramente esperas respeto de quien está al otro lado, pero esa persona también merece tu respeto. Trata a las personas como las tratarías si estuviesen frente a ti. Sé amable y no acoses a otros. Sólo visita sitios web apropiados, respetables y aprobados por tus padres.

Quizá te parezca que en la web hay demasiadas reglas, pero son para tu seguridad. ¡Internet es un espacio maravilloso, siempre y cuando lo utilices correctamente!

GLOSARIO

amenaza: Desafiar a alguien con palabras o gestos con intención de causar daño.

apropiado: Correcto, conveniente, indicado.

beneficio: Bien que se hace para facilitar la vida de alguien.

blog: Sitio Web personal en el que alguien expresa sus opiniones y pensamientos.

ciudadano: Persona perteneciente a un lugar determinado.

creatividad: Habilidad para hacer o inventar algo.

descargar: Copiar o bajar algo de Internet a tu computadora.

identidad: Lo que define a una persona.

pirata cibernético: Persona que utiliza una computadora para entrar en el sistema de la computadora de otra persona en forma ilegal.

privado: Que no puede ser visto por desconocidos.

sitio web: Grupo de páginas en Internet creada por una persona o grupo para que otros la lean y utilicen.

videochat: Hablar con alguien por Internet a través de la cámara de video de la computadora.

ÍNDICE

SITIOS DE INTERNET

Debido a que los enlaces de Internet cambian a menudo, PowerKids Press ha creado una lista de los sitios Internet que tratan sobre el tema de este libro. Este sitio se actualiza con regularidad. Por favor, usa este enlace para ver la lista: www.powerkidslinks.com/ltai/onsaf